PLATE 2

PLATE 3

PLATE 4

PLATE 5

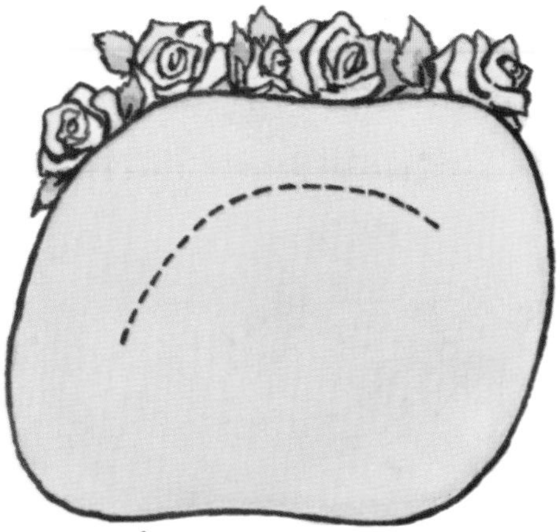

V

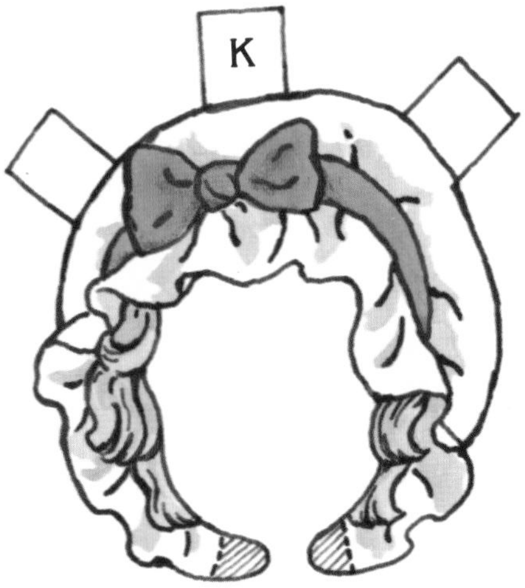
K

K

PLATE 7

PLATE 8

JOHN

ARTHUR

PLATE 10

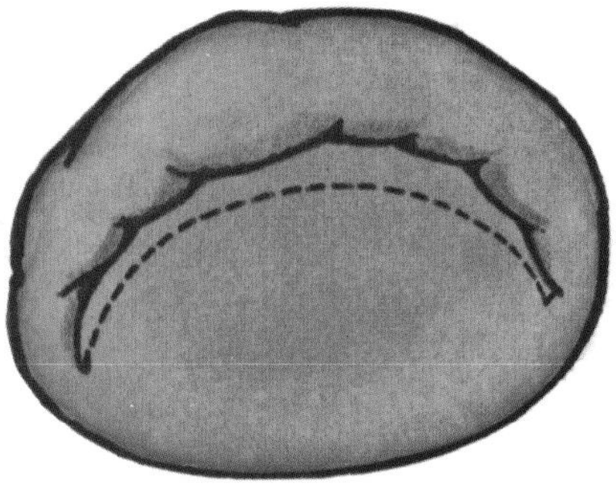

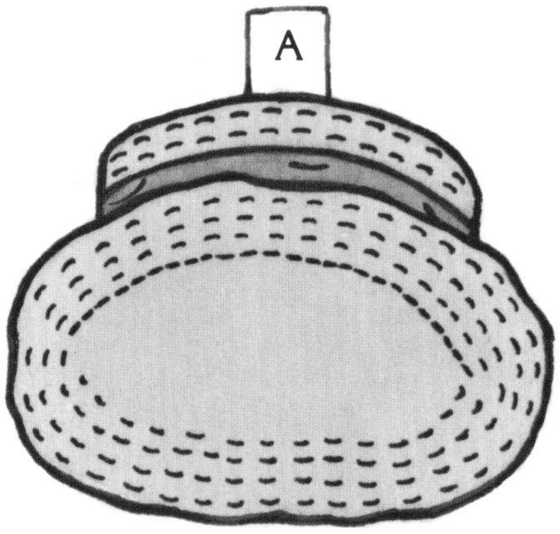

PLATE 11

PLATE 12

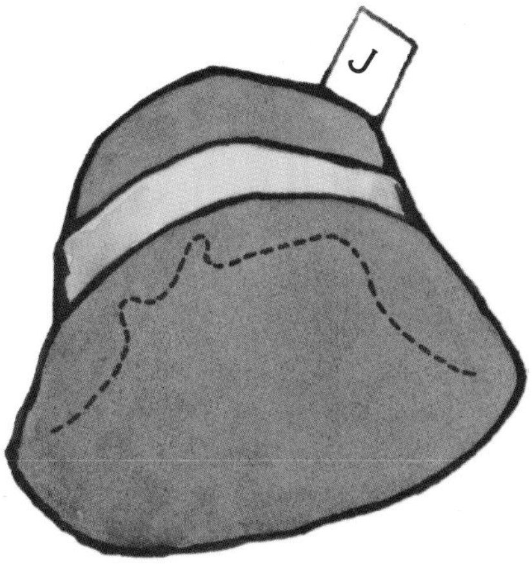

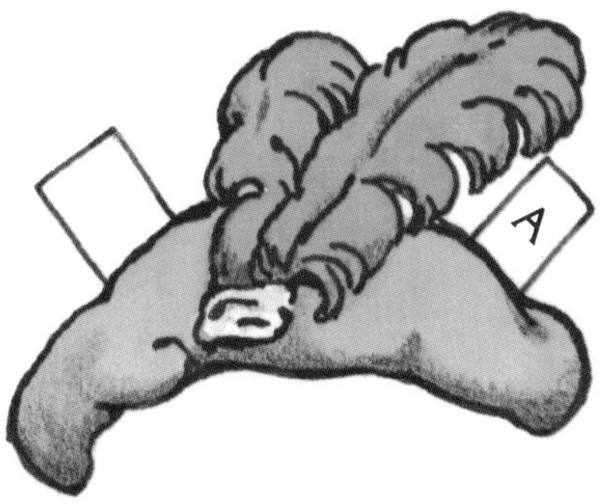

PLATE 13

PLATE 14

PLATE 15

PLATE 16